CONSIDÉRATIONS

SUR

L'ÉTAT ACTUEL DES MOEURS

DE LA JEUNESSE FRANÇAISE,

ET SUR LES MOYENS D'AMÉLIORER L'ESPRIT DE CELLE
QUI DOIT LUI SUCCÉDER;

Par M. L.-A. DECAMPE,

DIRECTEUR DE L'ÉCOLE S.ᵗ-CHARLEMAGNE, A TOULOUSE,

L'UN DES QUARANTE MAINTENEURS DE L'ACADÉMIE DES JEUX FLORAUX.

A TOULOUSE,

De l'Imprimerie de JEAN-MATTHIEU DOULADOURE,
rue Saint-Rome, n.° 41.

1822.

CONSIDÉRATIONS

SUR

L'ÉTAT ACTUEL DES MOEURS

DE LA JEUNESSE FRANÇAISE,

ET SUR LES MOYENS D'AMÉLIORER L'ESPRIT DE CELLE
QUI DOIT LUI SUCCÉDER.

L'ÉCRIVAIN le plus éloquent de notre siècle, M. le vicomte de Chateaubriand, termine ses intéressans Mémoires sur la vie et la mort de M.ᵍʳ le Duc de Berry par les réflexions suivantes, qui deviennent en quelque sorte la conclusion de son ouvrage :

« Il s'élève derrière nous une génération
» impatiente de tous les jougs, ennemie de
» tous les Rois ; elle rêve la république, et est
» incapable, par ses moeurs, des vertus répu-
» blicaines. Elle s'avance, elle nous presse,
» elle nous pousse : bientôt elle va prendre
» notre place. Buonaparte l'aurait pu dompter
» en l'écrasant, en l'envoyant mourir sur les
» champs de bataille, en présentant à son
» ardeur le fantôme de la gloire, afin de l'em-

A 2

» pêcher de poursuivre celui de la liberté.
» Mais nous, nous n'avons que deux choses à
» opposer aux folies de cette jeunesse, la légi-
» timité, escortée de tous ses souvenirs, en-
» vironnée de la majesté des siècles ; la mo-
» narchie représentative, assise sur les bases
» de la grande propriété, défendue par une
» vigoureuse aristocratie, fortifiée de toutes
» les puissances morales et religieuses. Qui-
» conque ne voit pas cette vérité, ne voit rien,
» et court à l'abîme : hors de cette vérité,
» tout est théorie, chimère, illusion.........
» Si tous les hommes de probité et de talens
» se veulent enfin réunir dans un système mo-
» narchique, non-seulement ils épargneront
» à la France de nouveaux malheurs, mais ils
» sauveront l'Europe, que menace une grande
» révolution. »

Je ne transcris de ce morceau, si remar-
quable à tous égards, que la partie qui a trait
aux objets dont je vais m'occuper, c'est-à-
dire, au mauvais esprit dont se montrent en
général animés les jeunes gens de nos jours,
et aux malheurs qui menacent la France et la
civilisation toute entière, si on ne s'empresse
d'attaquer dans son principe cette maladie
contagieuse qui infecte la plus intéressante
portion de la société.

On peut placer au premier rang, parmi les fléaux que la révolution nous a légués, la malheureuse direction qu'elle a imprimée à l'éducation de la jeunesse, et le changement déplorable qui s'est opéré dans son esprit et dans ses mœurs.

En déposant ces germes corrupteurs dans le sein des générations naissantes, la révolution semble s'être ménagé les moyens de recommencer périodiquement ses ravages. Si la main puissante de l'autorité n'étouffe dans ce dernier asile le monstre révolutionnaire, on le verra, nouveau phénix, renaître perpétuellement de ses cendres; et la tombe n'aura pas plutôt dévoré une génération trop tard désabusée de ces absurdes théories, qu'une génération nouvelle, sans frein et sans expérience, flétrira avec la dérision de l'orgueil ou renversera avec la rage du fanatisme les monumens tardifs et périssables du repentir de ses devanciers.

Il faut donc sonder avec courage le fond de la plaie; il faut fouiller les lieux secrets où le mal a jeté ses racines, pour l'en extirper sans retour. Cette douloureuse mais utile recherche doit être faite franchement et de bonne foi, sans ménagement et sans faiblesse; et, si la cause première du mal est dans les vices de l'éducation, comme il est facile de le démontrer, c'est dans cet organe essentiel de la vie politique qu'il faut porter le fer et le feu.

Le moment est venu de dire, à cet égard, la vérité toute entière. Le Gouvernement a prouvé, par le choix qu'il vient de faire d'un nouveau chef de l'université, qu'il sentait le besoin d'une grande réforme dans notre système d'éducation publique. Il me sera permis sans doute de tenir aujourd'hui un langage qui, en d'autres temps, eût été téméraire sans être utile ; et je n'hésite pas à publier des réflexions qui furent jusqu'à présent renfermées dans les épanchemens de l'amitié.

Je suis loin de donner mes vues comme infaillibles, et je sens qu'il y aurait bien d'autres choses à dire pour ceux que des lumières supérieures ou une position particulière ont mis dans le cas de voir plus que moi et mieux que moi. Mais du moins ce que je vais dire est le résultat d'une conviction intime : je dénonce des abus qui m'ont frappé. Si chacun, suivant sa portée, prenait la peine d'en faire autant, on finirait par connaître à fond le mal et le remède, et nous pourrions compter sur un meilleur état de choses. Critiquer ce qui est mal, proposer ce qui est bien, tel est le devoir de quiconque aura profondément senti la nécessité d'une réforme.

« On le peut, je l'essaie; un plus savant le fasse. »

Reconnaissons avant tout, pour être justes, que le mal dont nous nous plaignons était à peu près inévitable, quelques efforts qu'aient pu tenter un petit nombre d'hommes sages pour en arrêter les progrès. Il est la conséquence naturelle de tout ce qui s'est fait en France depuis trente ans. C'est ce qui devait arriver dans un pays où toutes les institutions anciennes furent renversées et avilies, où les notions du bien et du mal furent confondues, où la religion et les mœurs tombèrent de toutes parts sous les atteintes du ridicule et sous les coups de la persécution; où les doctrines subversives de toute vertu et de toute sagesse passèrent jusque dans les lois et dans les principes du Gouvernement; où l'on ne connut plus d'autre mobile aux actions humaines que la soif de l'or et du pouvoir; où les individus, renfermés dans un coupable égoïsme, oubliaient les maux de la nation et ceux de l'Europe entière pour s'occuper d'augmenter leur fortune, et approuvaient (au moins par leur silence) tous les excès et tous les crimes, pourvu que la désolation générale tournât à leur propre intérêt. Doit-on s'étonner qu'en un tel pays la folie des pères se soit étendue aux enfans, et que les erreurs et les travers de la génération qui se retire aient pu corrompre à sa naissance celle qui doit lui succéder ?

Mais dans ce grand nombre de causes qui, de près ou de loin, ont produit ou augmenté le mal, il en est de plus immédiates et de plus puissantes, qu'il importe sur-tout de signaler; et si quelques-unes de ces causes subsistaient encore aujourd'hui, il serait digne d'un Gouvernement réparateur de n'épargner ni soins ni sacrifices pour les faire disparaître. Attachons-nous donc à les découvrir, d'après les indications que nous fournira le mal lui-même: heureux si, en faisant connaître la nature et les caractères de cette affreuse maladie qui mine le corps social, nous assignons quelques moyens d'en affaiblir la violence et d'en arrêter les ravages.

Le premier coup fut porté à l'éducation de la jeunesse lorsque de prétendus philantropes, substituant leurs systèmes chimériques à l'expérience des siècles, voulurent simplifier les études, en élaguer toutes les épines, en bannir toutes les rigueurs, en réformer la direction suivant leurs plans philosophiques. Ils tournèrent en ridicule ce qu'ils appelaient des méthodes routinières ; ils prétendirent que l'éducation se ferait mieux et plus vîte avec l'analise et la raison ; ils s'apitoyaient sur le sort de ces êtres intéressans, qu'on avait eu la cruauté d'appliquer comme des machines à de pénibles et d'arides travaux dont ils ne saisissaient ni l'esprit ni le but. A les entendre, l'instruction allait être plus attrayante, plus douce, plus variée, plus complète, plus utile, en un mot plus *philosophique* ; car il fut un temps où, en employant cette expression à tous les usages, on se flattait d'être toujours écouté et toujours compris.

Qu'est-il revenu de ces commodes théories aux jeunes gens, aujourd'hui bien vieux, sur lesquels en furent faites les premières expériences ? L'histoire dira si les hommes de notre époque ont mieux valu que ceux des siècles précédens.

Nos pères, dont nous ne saurions trop admirer la sagesse, convaincus que l'existence sociale ne peut être qu'un échange de sacrifices, et qu'un membre de la grande famille ne saurait y tenir sa place qu'en s'habituant de bonne heure aux privations, avaient rempli la carrière de l'enfance et de la jeunesse d'exercices assujettissans et pénibles. Les jeunes gens s'accoutumaient ainsi à la résignation et à la constance ; on contractait des habitudes mâles et austères ; plus capable d'être utile aux autres, on était aussi moins à charge à soi-même ; au lieu de mépriser la vie, on en supportoit les rigueurs ; et l'élève devenu citoyen, ne trouvait pas trop lourd le joug de l'obéissance, et savait porter le fardeau des devoirs.

Voyez, au contraire, ceux qui ont sucé l'agréable poison de cette éducation molle et efféminée : quel empire ont-ils sur eux-mêmes ? quels devoirs pénibles savent-ils remplir ? Toute contrainte les impatiente, tout assujettissement les accable, toute rigueur les exaspère. Ils peuvent encore vouloir le bien, mais ils sont incapables de l'exécuter. Emportés quelquefois par des mouvemens généreux parce que leurs passions sont plus irritables, cette tendance vers le bien ne se manifeste chez eux que par saillies et par secousses ; tout ce qui demanderait de l'application, de l'abnégation, de la patience, est au-dessus de leur portée : ils y sont inhabiles et impuissans ; ce n'est qu'avec transport et à l'étourdie qu'ils peuvent faire de louables actions ; il leur faut des dévouemens d'un jour et des vertus faciles..... Mais y a-t-il des vertus faciles ?

C'est là le caractère français, dira-t-on peut-être : non, c'est le caractère de nos dernières générations, telles que les ont faites leurs instituteurs philosophes, telles que les a faites l'éducation révolutionnaire.

Mais ce n'est pas tout d'avoir amolli et détrempé les âmes, d'avoir énervé les esprits et les corps, en débarrassant les études de leurs épines et de leurs salutaires rigueurs : c'est un mal bien plus grand encore d'en avoir abrégé la durée. En effet, à quoi se passeront les années qui suivent la puberté, si les occupations du collége sont terminées à cette époque ? L'expérience nous l'apprend : les jeunes gens à qui leur condition ou leur fortune ne permet pas d'embrasser une profession mécanique (car c'est de ceux-là que nos écoles sont peuplées, et c'est à cette classe très-nombreuse que s'applique sur-tout cet écrit), les jeunes gens de cette classe, dis-je, trop jeunes encore pour commencer une carrière, pour former un établissement, pour prendre place, en un mot, dans la hiérarchie sociale, demeurent plus ou moins long-temps dans un état de désœuvrement et d'oisiveté, qu'autorisent et qu'encouragent l'irrésolution, la faiblesse et l'aveugle complaisance de leurs parens. Parens malheureux et coupables ! Qui pourrait compter le nombre de maux, et de maux souvent sans remède, que quelques mois passés dans cette vie oisive et déréglée attirent sur ces enfans chéris, dont la première éducation a coûté tant de sacrifices? A peine délivrés de leurs maîtres, *tandem custode remoto*, voyez avec quelle impatience ils s'emparent de cette liberté, dont la perspective prochaine avait, jusque dans le collége, troublé leur imagination et semé de dégoûts leurs dernières études. Ceux que n'avaient soutenus dans leurs travaux ni des succès ni des éloges, et qui ne recueillaient pour prix de leur paresse que des réprimandes et de l'ennui, rejettent avec horreur ces livres, ces études, éternel aliment de dépit et de honte; ils se dirigent, par un instinct brutal, vers une vie toute animale, toute matérielle; et les liaisons qu'ils ont bientôt formées, annoncent le triste avenir qui se prépare déjà pour eux. Ceux qui s'étaient signalés par des triomphes de collége, et qu'un peu plus d'aptitude aux travaux de l'esprit avait fait distinguer de leurs condisciples, s'empressent aussitôt de satisfaire leur téméraire impatience et leur vaniteuse curiosité : les lectures les plus dangereuses, les moins assorties à l'inexpérience de leur âge et à la faiblesse de leur jugement, sont celles pour lesquelles ils se piquent d'une préférence exclusive. Loin d'eux ces écrivains classiques, ces insipides modèles de l'antiquité, misérables hochets dont on avait amusé leur enfance. Il faut à ces graves penseurs une nourriture plus forte et plus substantielle : les livres les plus abstraits, les plus profonds, les plus hardis, ceux où sont discutées avec une effrayante témérité les plus hautes questions de la métaphysique, de la morale, de la religion, de la politique, ceux où l'organisation physique de l'homme et ses facultés intellectuelles sont soumises à un examen non moins offensant pour la foi que révoltant pour la pudeur, toutes ces œuvres empestées dont le dernier siècle fut si prodigue; voilà les ouvrages qu'ils dévorent avec une insatiable avidité, et dans lesquels ils puisent pour jamais cet esprit de dénigrement et d'orgueil, ce doute, cette indifférence, ce matérialisme frondeur qui leur fait regarder en pitié les institutions les plus respectables, tout ce qui ennoblit le moral de l'homme et relève sa dignité.

Ainsi les uns et les autres courent également à leur perte par des chemins différens. De perfides amis sont prompts à seconder ces fatales dispositions : ils les avaient devancés et les attendaient dans le monde, comme pour

leur préparer et pour leur offrir les poisons
que produit cette contrée nouvelle. Et quel
adolescent oserait repousser ces liaisons at-
trayantes qui l'accueillent au sortir du collége
pour l'initier en quelque sorte aux douceurs
de la liberté ?

Mais, si les jeunes gens mettaient à leurs
études cette salutaire lenteur qui peut seule
en garantir le succès, il serait temps, à l'instant même où ils en termineraient le cours,
de les appliquer à la vocation qui leur est
réservée ; ils ne rencontreraient pas ces années
d'intervalle si difficiles à franchir ; leur âge
étant plus avancé, leur raison serait plus for-
mée ; ils auraient dans le caractère plus de
circonspection et de maturité ; l'activité de
leur esprit, n'ayant pu se nourrir d'alimens
pernicieux, se serait attachée à des objets
utiles ; l'ardeur qu'ils apportent à la dissipation et aux plaisirs, ils la mettraient au travail et à l'étude ; leur passage dans un âge
nouveau ne coïncidant plus avec leur entrée
dans le monde, cet âge perdrait la plupart
des dangers qui signalent son arrivée ; l'esprit
et le corps à la fois auraient eu le temps de se
fortifier dans des habitudes chastes et sévères,
réglées par la discipline et la religion ; et le
jeune homme, déjà près d'atteindre aux nobles

prérogatives de la virilité, aurait conservé jusqu'alors et porterait hors du collége cette pudeur un peu sauvage, que les hommes frivoles peuvent bien ridiculiser, mais qui n'en est pas moins une des sauve-gardes les plus sûres pour l'innocence et pour les mœurs.

D'ailleurs, dans cet état de choses que j'aime à me représenter, chacun ayant de son côté les mêmes épreuves à subir, il n'arriverait pas qu'un jeune homme, au sortir du collége, vînt prendre sa place au milieu d'une jeunesse évaporée et turbulente ; une foule de désœuvrés ne seraient point là pour l'attendre et pour lui aplanir le chemin du mal. Maintenant, au contraire, à peine il se montre au grand jour, on l'appelle, on l'enrôle, les rangs lui sont ouverts ; on semble rivaliser de zèle pour l'instruire à des vices nouveaux ; il figure aussitôt après dans cette multitude de jeunes libertins, qui, depuis la révolution, mais sur-tout depuis qu'ont cessé les *coupes réglées* du grand *consommateur*, inondent les places publiques, les théâtres, les promenades, jettent sur les personnes du sexe des regards outrageans et effrontés, hantent les maisons de jeu et de prostitution, affectent les habitudes grossières des matelots et des soldats, et colportant de tous côtés un cynisme affligeant pour les âmes honnêtes, étalent jusque dans les lieux les plus saints le scandale de leurs investigations importunes et de leur révoltante incrédulité.

Que dirai-je de ceux qui, ayant cultivé avec succès quelques talens agréables, mais frivoles, s'abandonnent à toutes les illusions qui suivent ces arts dangereux, deviennent des héros de bal et de concert, et des hommes à bonnes fortunes ? de ceux qui, entraînés de bonne heure à la vie militaire par les lois du dernier Gouvernement et par le système d'éducation qu'il avait embrassé, semblent à jamais incapables de devenir des citoyens tranquilles, vivent au milieu des querelles, des provocations et des duels, ne respirent que haine et que vengeances, ne rêvent que troubles, que désordre et que sédition ? de ceux qui, tourmentés de ce délire politique qu'entretiennent dans les esprits tant de pamphlets, de journaux, de discours, de déclamations factieuses, professent une sorte de culte pour les coryphées de l'indépendance, affichent des opinions hardies en matière de gouvernement, répètent les absurdes sophismes des écrivains révolutionnaires, se font bientôt écrivains eux-mêmes, examinent, tranchent, décident, et citent à leur tribunal la sagesse de leurs aïeux ?

Quel

Quel est le travers dominant qui se fait également remarquer dans tous ces jeunes téméraires ? c'est une prodigieuse, une incroyable vanité. A l'âge où l'on manque à la fois de sagesse et d'expérience, où la timidité, la réserve, la déférence aux avis des personnes sensées devraient être des vertus de position et de nécessité, cette jeunesse, élevée au giron de la révolution, semble avoir eu pour héritage l'inconcevable vanité de ces temps d'éternelle honte : car, pour tout homme clairvoyant, la jalouse, l'ombrageuse vanité d'une bonne partie d'entre nous, compose le véritable fond de l'esprit révolutionnaire ; ce travers, en général misérable, petit et ridicule, s'est élevé, dans nos dissensions politiques, à la hauteur des attentats les plus mémorables et des crimes les plus redoutés.

Est-il étonnant, après tout, que la jeunesse française se soit pervertie à ce point, et qu'elle ait, pour ainsi dire, abjuré toutes les vertus de son âge ? Tout semble s'être accordé autour d'elle pour la corrompre et pour l'égarer. On a commencé par dire à nos jeunes gens qu'ils avaient plus de sagesse que leurs pères, qu'ils étaient nés dans un siècle privilégié, qu'à quinze ans ils pouvaient être savans, raisonnables et libres, et qu'ils ne devaient à

B

personne l'obéissance et le respect. Puis, on leur a dit qu'à dix-huit ans la patrie avait besoin de leur courage et de leur épée, qu'ils pouvaient alors gagner des batailles et humilier tous les trônes de l'Europe. Tous les préjugés imbécilles de la perfectibilité moderne ont fini par nous faire croire que les hommes de notre temps arrivaient plutôt à la virilité. Les lois ont encouragé ce travers en introduisant une majorité anticipée ; elles ont affaibli de tout leur pouvoir l'autorité paternelle, cette sainte garantie de l'ordre social. Les pères eux-mêmes, saisis par le vertige, ont applaudi à ces funestes innovations : en réformant l'ancienne gravité des mœurs domestiques, en se complaisant dans une commode familiarité, en écoutant leur fantaisie plus que leur devoir, ils ont banni de la famille l'esprit de subordination et d'obéissance ; on a vu l'adolescent imberbe gourmander son père en cheveux blancs, et employer dans ses emportemens impies l'indécent tutoiement qu'une aveugle tendresse avait cru devoir lui permettre pour les épanchemens de l'amitié. Un nouveau système de *successions* a donné plus d'énergie encore à toutes ces idées d'égalité et d'indépendance. On a soufflé de bonne heure à la jeunesse l'esprit de lucre et de litige, en même

temps qu'on favorisait son penchant à la dissipation et à la prodigalité. D'un autre côté,
les désordres des pères n'étaient que trop propres à autoriser l'inconduite des enfans. Que
de fois le père et le fils n'ont-ils pas rougi l'un
de l'autre, convaincus des mêmes faiblesses ?
Que de fois l'enfant dont les écarts allumaient
le courroux d'un père n'a-t-il pas pu et n'a-t-il
pas osé, par d'odieuses représailles, lui re-
procher ses propres excès ? Enfin, est-il permis d'oublier, parmi les causes de démoralisa-
tion particulières aux années précédentes, ces
conscrits, ces gardes d'honneur, ces gardes
nationales tantôt sédentaires tantôt actives,
et toute cette soldatesque de Buonaparte ren-
trée dans ses foyers avec les habitudes des
camps, et rapportant dans les villes, dans les
villages, et jusque dans les hameaux les plus
ignorés, l'esprit de licence et de libertinage,
l'oubli de la religion, le mépris des vertus
paisibles, la haine du travail et la soif des
plaisirs ?..... Voilà quels sont depuis long-
temps, avec les feuilles libérales, avec les
écrivains athées, les précepteurs de notre
jeunesse.

Et l'on demanderait encore pourquoi nos
jeunes gens ont des mœurs corrompues, quand
tout s'est accordé pour les pervertir, les usa-

ges, l'autorité, les événemens, les lois, et jusqu'aux exemples domestiques ! Et l'on s'informerait pourquoi la religion de leurs aïeux leur inspire tant d'éloignement et de haine, lorsque, sans la connaître, sans l'avoir pratiquée, sans s'être prémunis d'une seule des preuves qui démontrent son excellence et sa divine institution, ils ont dévoré avec une aveugle avidité ces écrits inspirés par le génie du mal à des insensés qui s'étaient fait gloire de la rendre odieuse et ridicule ; lorsque, pleins d'un mépris superbe pour ce qu'elle commande et pour ce qu'elle enseigne, ils ne peuvent plus voir en elle qu'une loi dure et tyrannique et qu'une éternelle ennemie de leurs goûts et de leurs penchans ! Et l'on s'étonnerait de ce ton tranchant et décisif, de cette hauteur insultante, de ce langage impérieux, insolent et provocateur, quand les habitudes de la guerre et de la chasse, quand les réunions turbulentes des universités et des théâtres, quand la fréquentation des brelans, des cafés, dont le nombre s'accroît de jour en jour dans les plus petites villes comme dans les plus grandes, quand la lecture de ces journaux empoisonnés qui sont, en ce moment encore, la plus hideuse plaie de la France, quand tout ce que l'on voit, tout ce que l'on entend, tous les jours, à toutes les heures, les endurcit de plus en plus dans cet esprit d'indépendance et de rébellion ; quand, pour tout dire enfin, des députés de la nation ne rougissent pas, du haut de la tribune parlementaire, de caresser ce funeste et détestable penchant, de fomenter ces levains de trouble et de discorde, et d'apostropher en termes pompeux cette jeunesse aveugle et égarée, comme si elle était une puissance reconnue, ou qu'elle formât un corps dans l'Etat !.....

Qu'arrive-t-il, aussi, pour résultat de tant de vanités et d'imprudences, et que voyons-nous tous les jours ? De ces nombreux adolescens, dont le jeune et brillant essaim s'échappe annuellement des écoles, les uns, tristes victimes de la débauche, minés par de honteuses maladies, s'éteignent au printemps de leurs jours, et laissent leurs malheureux parens dans des douleurs inconsolables ; d'autres se déshonorent par des écarts que la plus longue vie ne sera point capable de racheter ; ceux-ci, indolens et sensuels, abhorrent à l'égal de la mort tout travail et toute industrie ; ceux-là, présomptueux et superbes, dédaignent la profession modeste où leurs parens avaient puisé leur considération et leur bien-être, et leur ambitieuse vanité soupire après

B 3

une existence pour laquelle ils ne sont point faits ; quelques-uns, d'un naturel farouche, séditieux et rebelle, se constituent en état permanent de guerre contre la société, et deviennent les malheureux instrumens du fanatisme révolutionnaire ; le plus grand nombre, enfin, sans religion, sans principes, sans croyance fixe et positive, vivront dans les chagrins et l'amertume, dépourvus de ces consolations divines qui épargnent le désespoir à l'infortune et les dégoûts à la prospérité.

Le mal est assez grand, je pense ; il est flagrant, contagieux, terrible ; il menace de consumer la société toute entière : c'est ce qu'on ne saurait nier quand on veut être de bonne foi. Les vices de l'éducation furent sa première origine. A-t-on fait quelque chose pour y remédier ? non, évidemment non : dans les réformes apparentes faites par intervalles à l'*instruction publique*, je découvre partout le mal, je cherche vainement le bien.

Il faut le dire sans détour : toute éducation morale et chrétienne a été pour jamais anéantie en France du jour où la mission d'élever la jeunesse fut retirée aux corps religieux.

L'éducation passa d'abord aux mains des philosophes : j'ai déjà dit ce qui en résulta.

Les orages de la révolution vinrent ensuite : il n'y eut plus, alors, d'éducation : les projets, les plans d'instruction publique qui se succédaient à cette époque sont restés comme un monument de la folie de leurs auteurs.

Quand Buonaparte voulut recomposer parmi nous la société pour l'administrer à sa guise, l'éducation ne fut plus un bienfait, mais un moyen violent de corruption et d'envahissement militaire. C'est de cette époque que date l'importance presque exclusive donnée à l'étude de la matière, au préjudice des études qui ennoblissent le moral de l'homme et lui font aimer ses devoirs. Alors dominèrent avec arrogance ces sciences vaines et orgueilleuses, qui, flétrissant d'un mépris affecté tout ce qui se dérobe à leurs combinaisons, arrêtent l'essor du génie, enchaînent la pensée et dessèchent le cœur. Je ne répéterai point ici ce qu'un juge compétent en cette matière, M. de Bonald, a écrit, avec la profondeur et la sagacité qui le distinguent, sur les mesures qui furent alors adoptées (1). Mais, dans quelque esprit qu'eût été conçu le plan de la nouvelle université, était-il facile, était-

____

(1) Voyez la 53.e livraison du *Conservateur*, octobre 1819.

B 4

il possible, à cette époque, de trouver en France les élémens d'un bon système d'éducation? Un pareil système, en effet, peut-il se passer d'individus? et sur quels individus était-il alors permis de s'appuyer? Il y avait encore des lumières sans doute; mais où étaient les mœurs? où était la foi simple et sincère? où étaient le dévouement modeste, l'oubli du monde et des plaisirs, cette longue et sainte patience qu'apportaient les hommes d'autrefois à l'enseignement de la jeunesse? D'ailleurs, parmi les individus éclairés qui devaient naturellement fixer l'attention de l'autorité, en était-il beaucoup qui fussent demeurés étrangers aux saturnales de la révolution, qui ne fussent montés plus ou moins haut par suite de nos bouleversemens politiques, et qui se trouvassent encore dans une position assez vulgaire pour accepter les chétives et pénibles fonctions de l'enseignement? On ne pouvait donc offrir à la plupart de ces hommes habiles que les postes les plus lucratifs et les plus brillans de la nouvelle organisation; et, ceux qui remplissaient ces emplois éminens ne pouvant contribuer au bien que d'une manière éloignée, il arriva que les seuls hommes capables d'imprimer par leurs lumières une certaine autorité à leurs leçons furent en quelque sorte perdus pour la chose publique. Pour tous les emplois inférieurs et vraiment utiles, ceux où l'on peut faire beaucoup de bien ou beaucoup de mal, il fallut prendre ce qu'on trouva ; et l'on vit alors ce qu'on avait coutume de voir depuis long-temps, l'éducation de la jeunesse confiée aux premiers venus, et le titre d'instituteur, qui devrait être un témoignage de savoir, de prudence et de religion, être le premier que prenait un homme qui n'avait pas d'autre moyen pour vivre. Il y eut quelques exceptions sans doute. Mais que font des exceptions ?

Maintenant, les choses sont-elles bien changées ? Tout homme capable de juger sans passion et de bonne foi répondra hardiment que non. Il est aisé d'en expliquer la cause : nous semblons croire depuis long-temps en France qu'on ne saurait marcher le lendemain sans la plupart des hommes qu'on employa la veille ; et cependant, ici comme en bien d'autres choses, on se flatterait vainement de changer de système tant qu'on ne change pas les individus. Or, qui ne connaît pas l'immoralité profonde, les opinions anti-religieuses, et par conséquent anti-sociales, d'un bon nombre de personnages accueillis primitivement, conservés plus tard, et maintenus encore dans les rangs de l'université, quelquefois même dans ses postes les plus avantageux et les plus remarquables ? Comment ignorer les maximes qu'ils professent, lorsqu'ils n'ont pris, en aucun temps, la peine de les dissimuler ? A côté de ces individus, dont on ne saurait calculer la pernicieuse influence, combien d'autres, moins dangereux sans doute, avec des opinions plus sages, sont d'une telle nullité qu'ils servent de risée à leurs subordonnés ou à leurs élèves ? en sorte que l'ignorance de ceux-ci rend plus funeste encore et plus contagieuse l'immoralité de ceux-là. Chose pénible à dire, et cependant trop vraie : les principes sans les talens ou les talens sans les principes, telle est, en quatre mots, l'histoire d'une portion assez considérable des membres du corps enseignant.

Faut-il induire de ceci que l'autorité qui dirige ait voulu livrer à des hommes ineptes ou corrompus l'éducation de la jeunesse ? Loin de nous une telle pensée. Mais la fureur de centraliser, d'administrer en grand du fond de la capitale, de vouloir tout régler, les hommes et les choses, dans les bureaux d'un ministère, et faire entrer toute la France dans les cartons d'un commis, mettra toujours de grands obstacles aux améliorations les plus nécessaires. Ce mode de la centralisation, qu'on a voulu appliquer à tout, est mortel pour l'éducation publique : il livre les emplois à la faveur et à l'intrigue ; il ôte à la localité son utile influence ; il ouvre une large carrière aux ambitieux qui viennent puiser audacieusement à la source des faveurs, et laisse le mérite ignoré se morfondre dans la province ; il crée une classe aventurière de salariés cosmopolites, et les soustrait en quelque sorte au joug salutaire de l'opinion, tandis qu'il prive l'homme honnête et laborieux de son plus puissant encouragement et de sa plus douce récompense, en réduisant à rien les droits bien légitimes que ses travaux et ses vertus lui ménageaient auprès de ses concitoyens ; enfin, sous le rapport des destitutions, moyen violent mais souvent nécessaire, il présente un double inconvénient : elles deviennent trop faciles sous une administration prévenue et tyrannique, parce que les chefs, abrités dans la capitale, frappent sans égard et sans crainte, sur les soupçons les plus légers : elles paraissent difficiles sous une administration sage et paternelle, quelle que soit leur nécessité, parce qu'on craint de se livrer à l'arbitraire, parce que tout employé considérant sa place comme une propriété bien acquise, en qualifie toujours la perte d'injustice et de spoliation, se regarde comme une victime de quelque grande mesure ministérielle, et voue au gouvernement tout entier des ressentimens qui, dans un autre système, ne se seraient pas étendus plus loin que les notables d'une petite ville.

Mais, puisque j'ai parlé d'intrigue et de faveurs, il est encore une remarque à faire. Depuis la création de l'université et la nouvelle direction imprimée aux études, quelques sujets avaient montré des talens assez remarquables, ils promettaient au corps enseignant des ressources pour l'avenir, ils auraient pu fournir une utile et longue carrière : leurs succès mêmes les ont écartés de ce but ; on les a transplantés pour les récompenser ; ils ont échangé leurs emplois obscurs contre de hautes fonctions d'un autre genre ; et, de la sorte, ils n'auront opéré le bien ni dans l'enseignement, où ils n'ont fait que passer, ni dans d'autres emplois, auxquels ils étoient peu propres. Il y a plus : de tels exemples ne peuvent qu'inspirer à leurs semblables une malheureuse ambition. On renonce à ses habitudes simples et modestes, on se produit, on se dissipe, on s'insinue dans le monde et auprès des grands, quand on peut s'attendre à changer sa robe de collége pour un habit de cour, et sa férule pour un porte-feuille. C'est vouloir anéantir l'éducation publique que d'éveiller et d'entretenir dans ceux qui l'exercent cette déplorable soif de parvenir.

Que conclure de tout ce qui vient d'être dit ? que ce relâchement des mœurs de la jeunesse, dont tous les esprits sont frappés, remonte à plus d'un demi-siècle, qu'il s'est accru de jour en jour, qu'il est maintenant à son comble, et qu'il ne paraît pas à la veille de finir. Existe-t-il encore des moyens d'y remédier ? S'il en existe, quels sont-ils ? J'ai déjà, si je ne me trompe, signalé les seuls de ces moyens qui puissent nous donner quelque espérance. Il est aisé d'en retracer le tableau.

Nous nous sommes mal trouvés des études simplifiées, qui ne laissent aucune trace dans la mémoire et ne donnent aucun ressort aux esprits : revenons à la méthode que nous avions méprisée ; accoutumons les jeunes gens à vaincre les difficultés, au lieu de les éluder ; n'épargnons pas quelques rigueurs aux premières années de l'homme, dont la vie toute entière n'est qu'une fatigue et un labeur continuel ; que sa carrière ne commence pas par des fleurs pour se terminer à des précipices. Laissons là ces abrégés encyclopédiques, où l'on apprend tout pour ne rien savoir. Il n'importe pas qu'un jeune homme effleure en se jouant les principes d'une foule de connaissances : il faut qu'il ait appris à fond un petit nombre de bonnes choses, qu'il les ait bien étudiées et qu'il les sache bien : avec celles-là il apprendra toutes les autres.

Nous avons vu quels étaient les dangers de ces études précipitées, qui ne tendent qu'à rendre plutôt la jeunesse oisive et indépendante, et ne lui font gagner du temps que pour lui en laisser plus à perdre : renonçons pour jamais à ce système, aussi déraisonnable dans son principe que pernicieux dans ses conséquences. Il faut mettre aux études une sage lenteur : ces connaissances entassées à la hâte dans le cerveau n'y portent que la confusion et le trouble. Voyez cette liqueur pure et limpide qu'un filtre distille goutte à goutte, avec de la patience et du temps : répandue avec précipitation, elle eût été sale et troublée. D'ailleurs, qu'espérez-vous gagner en retirant sitôt vos enfans des mains de leurs instituteurs ? En sont-ils pour cela plutôt hommes, plutôt raisonnables, plutôt propres aux affaires ? N'y a-t-il pas toujours les mêmes années à franchir pour arriver à la maturité ? Aimez-vous mieux qu'ils passent ces années intermédiaires dans les plaisirs que dans le travail ?

Trouvez-vous bon qu'ils reçoivent les leçons des libertins de préférence à celles de leurs maîtres, ou qu'il faille, pour les sauver, leur prescrire à la hâte ces nœuds prématurés, que suivent si peu de bonheur, que tant de regrets accompagnent ?

Voilà pour le mode et la durée des études. Mais que nos changemens ne s'arrêtent point là.

Nous voyons quel redoutable empire exercent sur une jeunesse sans expérience, ces orateurs séditieux, ces écrivains pervers, ces impudens folliculaires, qui se font les complices et les apologistes de tous les crimes et de toutes les erreurs : vouons à l'infamie et à l'opprobre ces détestables empoisonneurs de la morale publique. Qu'un cri général d'indignation s'élève contre cet abus sacrilége du plus noble de tous les droits. Poursuivons, atteignons, par des lois fortes et sévères, à la tribune, au théâtre, au barreau, partout où leur voix se fait entendre, ces rhéteurs effrontés qui prêchent le désordre et la licence. Etouffons ces nombreux journaux organes du libéralisme, ateliers impurs de révolte, de mensonge et de calomnie, qui lèvent tous les jours un scandaleux impôt sur la sottise et la crédulité. Cessons, il en est temps, de permettre à l'industrieuse cupidité l'abus de ces

arts agréables qui semblent s'être mis aux ga-
ges de la révolution : que chaque production
nouvelle du graveur ou du lithographe ne soit
plus un nouvel outrage pour la morale, pour
la religion et pour la monarchie.

Ce n'est pas tout : ne pourrait-on encore
proscrire ces livres infâmes que la presse re-
produit tous les jours avec une infernale activité ? S'il leur est permis de dormir en secret
sur les tablettes de l'homme de lettres et du savant, doit-on également souffrir qu'un bou-
tiquier ou qu'un colporteur étale publiquement
ces poisons et les distribue à vil prix à la
jeunesse ?

Ne saurait-on, enfin, par de bons réglemens
de police, par des droits extraordinaires imposés
sans ménagement, diminuer le nombre de ces
maisons de jeu ou de plaisir, rendez-vous pu-
blics de l'oisiveté, du désordre et de l'inconduite, souvent même du crime et de la sédition?

Mais venons au plus essentiel, je veux dire
à la religion, car, sans la religion, travaux,
talens, études, connaissances étendues et va-
riées, tout est vain dans l'homme et pour
l'homme, tout ne fait qu'augmenter son trouble, sa misère, et que l'humilier du poids de
son néant. Eh bien ! qu'a-t-on fait, que fait-
on encore, pour enseigner la religion aux
jeunes

jeunes gens, pour leur en inculquer les principes, pour leur en assurer les bienfaits ? Tout
le monde promet d'en faire la base de l'éducation, et personne ne tient parole. On observe
quelques rites, quelques cérémonies, par
déférence pour l'opinion ; on paie le tribut
nécessaire à l'usage, aux bienséances ; on croit
enfin avoir tout fait si l'on obtient qu'un prêtre, une fois la semaine, enseigne à de petits
enfans à balbutier le nom de Dieu... C'est bien
de cela qu'il s'agit !... Buonaparte aussi avait
établi des aumôniers dans ses lycées, comme
on en attache aux régimens. Mais, dans les
régimens du moins, après qu'on a quelque
temps observé, d'une manière grossière et
machinale, des cérémonies extérieures et de
superficielles pratiques, le jour du carnage et
de la mort arrive, et, dans ces terribles an-
goisses de la douleur et du trépas, au milieu
du sang et des cris de détresse, l'homme de
Dieu se montre ce qu'il est, et la religion qui
console apparaît enfin dans sa grandeur et
dans sa gloire. Près de vos jeunes élèves, au
contraire, quel bien véritable peut-elle pro-
duire, quels triomphes peut-elle obtenir, si,
après les avoir éclairés un instant dans le premier âge, elle les abandonne tout à coup pour
les exposer sans défense aux séductions de l'âge

C

qui va succéder ? Ils se sont un moment occupés de la religion dans leur enfance ; ils la négligent dans la puberté ; ils la repoussent et la méprisent dans l'adolescence. C'est au moment où l'âge des passions fait sentir ses premières ardeurs, qu'une éducation religieuse, attentive à en surveiller les progrès, doit redoubler de soins et de sollicitudes ; c'est alors qu'il faut, par tous les moyens possibles, par le raisonnement, par la persuasion, par la pratique, par l'exemple, par l'autorité des lumières et l'ascendant de la raison, fortifier de plus en plus les premières impressions reçues, incorporer, assimiler, pour ainsi dire, ces salutaires doctrines à l'être qui se développe pour arriver bientôt au dernier période de sa force et de sa grandeur. Si, à cette époque critique, il a connu, cultivé, aimé la religion, son avenir est assuré ; il l'aimera, il la respectera toute sa vie. Si, comme nous le voyons tous les jours, on s'arrête avant d'avoir atteint ce terme fatal ; ce qui avait précédé demeure inutile : on n'a rien fait ; tout est perdu : le souffle des passions se déchaîne ; le monde et ses illusions sont là ; la religion est reléguée parmi les bagatelles de l'enfance, avec les rudimens, les joujous, la *civilité puérile*, les bonbons et les contes bleus.

Mais suffira-t-il qu'un jeune homme reçoive assidûment de la bouche d'un prêtre les instructions nécessaires pour connaître et pratiquer la religion ? Non sans doute ; et c'est là surtout que se fait sentir le vide de nos éducations et le besoin pressant d'une réforme. Il faut que tout ce qui entoure, que tout ce qui approche un élève lui tienne le même langage, lui donne les mêmes exemples ; il faut que tout réfléchisse en quelque sorte les rayons divins dont on a pris soin d'éclairer son intelligence, que tout se trouve à l'unisson avec cette âme ainsi préparée pour le bien. Or, maintenant, où en sommes-nous ? Comment trouver ici le remède ? Comment établir l'accord dont je parle entre cette foule de maîtres à parler, à chiffrer, à écrire, à penser, à chanter, à danser, l'un athée, l'autre libertin, l'autre indifférent, l'autre raisonneur, l'autre frivole ? Quel homme, partagé entre les soins de sa famille, les sollicitudes de la fortune, les intrigues du monde ou de l'ambition, et mille autres embarras qui traversent notre existence, pourra toujours être avec ses élèves ce que je voudrais, ce qu'il faudrait qu'il fût ? On voit bien où j'en veux venir : nous avons perdu les corporations religieuses qui se consacraient à élever les jeunes gens ; tant qu'elles ne nous seront pas rendues, n'espérons pas d'éducation chrétienne, c'est-à-dire de véritable éducation. Le meilleur système, à leur défaut, sera celui qui s'en rapprochera davantage ; car ce qui manque le plus aux générations actuelles, c'est évidemment l'esprit religieux ; et, lorsqu'il s'agit de réparer un édifice, c'est la partie la plus délabrée et la plus chancelante qu'il faut rétablir la première, sur-tout quand, de cette partie, dépend la solidité de l'édifice tout entier.

J'ai signalé, de plus, le mal que nos lois révolutionnaires ont fait à la jeunesse française : il faut qu'on se hâte d'en revoir l'ensemble, pour en réformer les défectuosités ; il faut faire couler l'esprit de la monarchie dans ce vaste corps, dont les proportions sont imposantes, mais qu'infecta de ses poisons le souffle mortel des doctrines de la république et du néant. Il faut que le nom de Dieu se montre dans nos codes entouré des respects qui lui sont dus. On en a rayé le nom du divorce : ce n'est point assez ; il faut en faire disparaître un divorce non moins monstrueux, cette inouïe et criminelle séparation des choses spirituelles et des choses terrestres, des intérêts du monde et des intérêts de l'éternité. Il faut aussi que nos lois cessent d'inspirer à la jeunesse une téméraire confiance dans sa raison et dans ses forces; qu'un jeune homme ne puisse pas, avant l'âge de 24 ans, prétendre aux prérogatives de la majorité, à la qualité de soldat avant 21, aux fonctions de quelque importance avant 25 ou 30; il faut, en un mot, par tous les moyens imaginables, endormir, réprimer, enchaîner cette funeste impatience de secouer tous les liens, d'échapper à toutes les supériorités, et d'arriver sans retard et sans effort aux priviléges de la maturité et de l'expérience. Le législateur doit faire plus encore : il doit réformer un système de *successions* incompatible en quelques points avec les principes de la monarchie et les règles de la morale; il doit laisser plus de latitude à la volonté des mourans; il doit abandonner au sentiment et à la raison le soin de récompenser le dévouement et la vertu, ou de punir l'inconduite et l'ingratitude. Il faut qu'il relève, qu'il encourage l'esprit de famille, prêt à s'éteindre parmi nous; il faut qu'il rende, dans toute sa plénitude, à l'autorité paternelle, son auguste et vénérable caractère, son antique et salutaire ascendant.

Mais, puisque nous formons le vœu de voir rendre son ancien lustre à l'autorité paternelle, les pères de famille eux-mêmes n'auraient-ils pas quelque réforme à s'imposer pour seconder une révolution si désirable ? C'est maintenant à eux que je m'adresse, et je leur dis : Vous gémissez sur les vices de vos enfans; vous êtes ou vous serez un jour malheureux par leurs écarts ; vous vous en prenez aux personnes qui furent chargées de leur éducation, et vous ne voyez pas combien plus justement vous pourriez vous en prendre à vous-mêmes. Vous ne fûtes point étrangers à tout ce mal qui vous afflige : il est peut-être votre ouvrage. Ignorez-vous toute l'influence de l'éducation domestique sur le cœur et sur la raison ?

Vous accordez à vos enfans toutes sortes de libertés ; vous leur montrez votre faiblesse ; vous tirez vanité de leurs agrémens, de leurs talens frivoles , quelquefois même de leurs travers , et par cet aveugle amour-propre vous les rendez vains et présomptueux. En toute occasion vous consultez à leur égard votre satisfaction personnelle bien plus que leur véritable intérêt : ainsi vous les recevez de moitié dans vos plaisirs ; ainsi, sous le frivole prétexte de vivre avec eux en ami , d'établir au sein de la famille une douce et mutuelle confiance, vous effacez toute distance entre eux et vous, vous introduisez une familiarité choquante, une égalité contre nature , vous oubliez les innombrables différences qui doivent séparer un père de son fils , un homme vieilli dans le monde d'un enfant qui ne peut de long-temps s'y montrer.

D'un autre côté , vous leur donnez d'excel-lens avis ; mais les pratiquez-vous vous-mêmes, et votre conduite ne dément-elle pas tous les jours les maximes que vous professez ? Pensez-vous que ces contradictions échappent à leur pénétration et à leur malice ? Non certes , et quelque habileté que vous missiez à cacher vos faiblesses , ils ne sauraient que trop les décou-vrir. Mais vous leur épargnez ce soin : vous étalez à toute heure vos vices au grand jour ; et souvent, plus clairvoyans que vous, ils en ont fait secrètement l'objet de leurs railleries et de leurs censures.

Parlerai-je de ce qu'ils voient , de ce qu'ils entendent dans votre demeure , tous les jours, à tous les momens ? Ici l'on vante la richesse, là l'on exalte le plaisir , ailleurs l'on prêche à tout propos la parcimonie et l'avarice ; tantôt on dénigre un ennemi ; tantôt on avilit les choses respectables ; on déclame contre les lois , le Gouvernement, la justice ; on trouve des abus dans la religion , on critique amère-ment ses ministres , on déchire sans pitié les personnes qu'une dévotion excessive ou mal entendue rend incommodes dans la société ; on semble vouloir montrer de bonne heure aux enfans qu'il n'y a rien d'entièrement louable ni d'absolument parfait chez les hommes. Hélas ! ils ne l'apprendront que trop !

Que dirai-je de ces cercles bruyans où vous les admettez, de ces réunions, de ces jeux, de ces fêtes, de ce mélange des deux sexes, de cet éveil donné, sous l'apparence d'un innocent enfantillage, à des passions dangereuses qui devraient long-temps sommeiller dans leur âme pour votre repos et pour le leur ?

Leur âge et leur raison commencent-ils à se développer, vous leur montrez les spectacles de la scène : votre présence, le choix des pièces, la rareté, l'à-propos de ce plaisir, en font, selon vous, disparaître les dangers ; il ne reste plus que l'avantage d'assister à la représentation d'un chef-d'œuvre, d'entendre de beaux vers et de nobles maximes, de recueillir de grands exemples et de généreux sentimens. Déplorable erreur que tout cela ! C'est en classe, c'est dans ses livres, c'est avec un maître éclairé, qu'on découvre toutes ces bonnes choses. Ici, au contraire, on ne trouve que bruit, que dissipation, que parure, qu'oubli du travail et des devoirs, qu'aiguillon pour les sens et les passions, que vif

sentiment de plaisir, fait pour engendrer le dé-
goût d'une vie uniforme, tranquille et retirée.

Mais je viens de parler de livres, et là-
dessus vous triomphez : vos enfans aiment la
lecture, ils raffolent de la lecture ; c'est là
votre bonheur et votre orgueil : aussi favorisez-
vous cet heureux penchant : vous leur four-
nissez des livres à profusion ; vous leur ouvrez
votre bibliothèque .... Mais avez-vous bien
songé à tout ce qu'elle renferme, hommes
insoucians et oublieux ? et ne savez-vous pas
que, dans ces pharmacies de l'âme, à côté
des remèdes se trouvent des poisons ?

Cependant l'adolescence est arrivée ; et,
comme pour leur faire oublier que vous fûtes
leur père, vous cessez alors tout-à-fait de les
traiter en enfans. Votre vanité se complaît
à voir en eux des hommes faits ; vous prenez
soin de les en avertir ; vous seriez honteux de
leur gaucherie ; vous voulez qu'ils sachent
figurer dans le monde. Mais, ô les plus im-
prudens des hommes ! le monde où ils devront
figurer est encore à naître ; celui-ci, dans
lequel vous les poussez de force, est le vôtre,
et non pas le leur : faites-en les honneurs vous-
mêmes. Ils ne sauront que trop reconnaître
le leur, quand le temps en sera venu.

Voilà quel sera mon langage avec tous nos

pères de famille. J'ajouterai pour quelques-
uns : Vous avez approuvé, aimé, secondé
notre révolution; vous vous en êtes bien trouvés peut-être ; vous lui devez votre avance-
ment, votre crédit, votre fortune; je veux
même aller jusqu'à croire qu'il n'en a rien
coûté à votre vertu. Eh bien ! le hasard et le
mouvement des choses vous furent favorables;
le fleuve avait rompu ses digues ; après les
débordemens et les troubles vous avez recueilli
quelques alluvions; je vous en félicite, et je
conçois votre reconnaissance : il est si naturel
au cœur de l'homme de trouver dans son avantage une compensation aux malheurs d'autrui !
Mais gardez-vous d'inspirer à vos enfans cette
tendance irréfléchie vers l'esprit d'innovation,
d'anarchie et de révolte; en leur léguant votre
fortune, ne leur léguez point vos erreurs ;
qu'ils ne voient pas dans votre héritage un
orgueilleux trophée érigé au génie du mal ;
qu'en apprenant ce qu'ils durent à la révolution, ils apprennent en même temps à la con-
damner, à la craindre, et qu'ils n'ébranlent
point les nouvelles barrières élevées devant ce
torrent, qui leur arracherait demain ce qu'il
vous a donné la veille.

Je suis fondé peut-être à dire à quelques
autres : Vous avez eu des passions fougueuses;

vous embrassâtes, dans votre jeunesse, des doctrines qui favorisaient vos penchans; vous fûtes épicuriens, sceptiques, incrédules, libertins, athées; ce que vous aviez été dans l'âge des erreurs, vous le fûtes dans un autre âge, et votre punition sans doute est de l'être encore malgré vous..... Je suis loin de m'en étonner : on a vu tant de fois des hommes vantés pour l'étendue de leur esprit soupirer après la simplicité des âmes vulgaires, et maudire, accablés d'eux-mêmes, l'endurcissement de leur cœur !... Eh bien ! si tous les dons dont vous fûtes ornés n'ont pu vous faire surmonter l'ennui des choses de la vie; si vous ne trouvez dans votre âme que trouble, que faiblesse, que vide et que dégoûts; si le bonheur vous semble interdit à jamais; s'il vous faut quelque effroyable catastrophe, le naufrage, la peste, les convulsions de la nature, ou l'approche du dernier jour, pour repétrir cette âme engourdie, indifférente, et, pour ainsi dire, morte pour le ciel; reconnaissez donc qu'entre tous les biens dont l'homme peut être comblé, vous manquez du plus précieux, du plus véritable, de celui sans lequel les autres ne sont rien, de celui qui peut seul remplacer tous les autres. Ce vrai bien, ce seul bien solide, dont la privation vous livre sans défense à toutes les misères de

la nature et de la fortune, n'épargnez ni soins,
ni précautions, ni sacrifices, pour qu'il soit,
avant tous les autres, l'apanage de vos enfans.

Ici, je me résume en peu de mots; et, ce
que je dirais à cette dernière classe d'individus,
je l'adresse indifféremment à tous ceux qui
pourront m'entendre : Porter sans répugnance
la chaîne des devoirs; respecter les mœurs et
les lois; servir avec amour ses maîtres légitimes; vivre en paix dans sa condition; ignorer
l'ambition et l'égoïsme; mettre l'honneur dans
la vertu; puiser dans la religion la seule force,
la seule espérance, le seul bonheur possible
sur la terre; voilà ce qui vous manque peut-
être, voilà ce qu'il faut assurer à vos enfans.

Lorsque, par le malheur des temps, les
moyens d'atteindre à ce but sont ou rares ou
difficiles, s'il s'en présente un seul, quel qu'il
puisse être, qui doive y mener sûrement, il
faut l'embrasser sans hésiter, car le temps
presse et le mal empire; il faut déposer sur-
le-champ défiances, préjugés, habitudes, pré-
ventions, animosités. On ne marchande pas
quand il s'agit de sauver la société toute entière. Tous les intérêts petits et méprisables
doivent se taire devant ce grand intérêt.

FIN.